자연주의

자연주의

초판 1쇄 인쇄일 | 2025년 2월 10일
초판 1쇄 발행일 | 2024년 2월 15일

지은이 | 김광준
펴낸이 | 맹경화
펴낸곳 | 도서출판 푸른산
디자인 | 단청
등록번호 | 제 301-2013-107호
주소 | 서울시 중구 을지로18길 25-2 302호
TEL | 02-2275-3479
FAX | 02-2275-3480
E-mail | csmac69@hanmail.net

값 10,000원

ISBN 979-11-985142-7-1 03810

이 책자는 저작권법에 의해 보호를 받는 저작물로
저자와 출판사의 허락 없이 내용의 일부를 인용하거나
발췌하는 것을 금합니다.

- 책 가격은 뒤 표지에 표시되어 있습니다.
- 지은이와 협의에 의해 인지는 생략합니다.
- 잘못된 책은 교환해 드립니다.

푸른산시선집 238

자연주의

해모수 김광준

바람으로 왔다
바람으로 가는 세상
외로움의 늪은 끝없이 빠져들고
살아내야 하는
인생,
무엇하러 세상에 왔나.

차 례

**제1부
나그네의 짝**
–
나그네의 짝 • 12
위대한 사랑 • 13
하얀 축복 • 14
산새들 날아간다 • 15
지상낙원 • 16
천사가 되는 것 • 18
태초로 • 20
나 죽이고 • 21
신비 • 22
욕심을 버린다면 • 24
겨울 나라는 깊어지고 • 26
세상의 섭리 • 27
아침의 찬가 • 28
겨울 아침 • 30
사랑의 순간 • 32
바람속에 사랑이 있어요 • 34

영혼의 꽃 • 36

백두산 • 38

**제2부
돌연변이 별**
—

돌연변이 별 • 42

하나가 되는 순간 • 43

천사 • 44

엔돌핀 • 46

아기호랑이 랑이 • 48

사계절 • 50

영원한 꽃 • 51

포옹 • 52

꿈은 이루어지라고 있는 거다 • 53

태초로 태고적으로 • 54

그대로 • 56

꿈 • 58

정복 • 60

명상 • 62

인류의 길 • 64

천상의 나라 • 66

신의 뜻 하늘의 뜻 • 67

겨울 태양 • 68

바람이여 안녕 • 70

서러운 날들은 가고 • 72

**제3부
바람이 분다**

—

바람이 분다 • 76

산책 • 78

세균 • 80

명상명심 • 82

신기한 세계 신비한 세상 • 84

육체적 사랑 • 86

조화로운 세상 • 88

구원 • 90

하얀 설화 • 92

영원한 생명력 • 94

바다여 영원하라 • 96

바람아 불어다오 • 97

인연 • 98

교육 • 100

포옹 • 102

**제4부
천천히 천천히**

─

천천히 천천히 • 106

한강의 기적 • 108

희망과 꿈과 웃자 • 110

외계 생명체 • 112

자유 • 113

산은 산이요 물은 물이로다 • 114

신은 신이다(여행) • 116

국수역 • 118

청춘의 영원함 • 120

일광욕 • 121

키스 • 122

홍익인간 정신 • 124

삼라만상 다 사랑하다 • 126

참 종교 • 128

노란 병아리 • 129

잠자기 전 • 130

언어폭력 • 132

부처가 깨달은 것 • 133

자연주의 • 134

의사소통 • 135

이게 사랑인가 보다 • 136

작은 소원 • 137

방목 • 138

요정들의 합창소리 • 140

소중과 인연 • 142

흐르는 생명체 • 144

제1부

나그네의 짝

나그네의 짝

어둠속에 비친 영혼
산허리 휘감는 운무
행복한 겨울의 시작
겨울 첫날
아침 햇살 따스하다
바람이 되었나
아주 멀리 가버렸다
마음의 나그네
정처없이 떠도는 구나

영혼의 슬픔이여
한송이 꽃이 되어라
우주의 넓은 세상
짝이 있겠지
포기 못하는 정열의 영혼

바람으로 왔다
바람으로 가는 세상
외로움의 늪은 끝없이 빠져들고
살아내야 하는
인생, 무엇하러 세상에 왔나.

위대한 사랑

나무의 사랑은
어머니의 사랑과 같네
무조건적이다
나무는 어머니 만큼 위대하다
아마존 밀림이 안타깝다
찬란한 빛이 나무를 비춘다
한줄기 물이 나무의 갈증을 해소한다
다 주는 사랑 위대한 사랑이다

하얀 눈이 내리면
눈의 꽃이 필 것이다
겨울은 춥다
그러나 모두가 동면의 시간
왠지 모르는 포근함

건강하자 건강하자
우리 모두 건강하자

마음의 바람을 따라가라.

하얀 축복

이슬의 눈물이며
이슬이 모여 사랑이 되네
태양 떠오르면 사라질 거지만
이슬의 영혼으로 남아
영원히 사랑하네

가을의 낙엽은 다 떨어지고
첫눈이 내리는 소식
하얀 축복이 내린다네
겨울이 있다는 것에
감사하며
눈이 내리는 아침의 축복
나로 하여금 동심으로 이끈다

사랑하자 마음껏 사랑하자
두려움 없는 사랑
진실된 사랑이 아닐까
하얀 눈처럼 사랑도 순수하게
사랑한다면
모진 세상 한번 살아 볼만 한데.

산새들 날아간다

시간의 흐름은
공간의 흐름
우주의 끝없는 세상
신기하고 신비한 세계 세상
무슨 일이 일어나고 있는 걸까

무르익은 달빛이 밤을 비춘다
사랑의 감정이 가슴에 인다
별 하나도 나를 비춘다

산새들 날아간다
까치 까마귀 또 여러 새들
자유로워 보기 좋다

평화로운 세상을 원한다
평화 안에 다 있다
자유도 사랑도 건강도

인생 어찌할까
자연스럽게 살아라
그리고 웃어라
웃으면서 서로 보듬으면서 살아보자.

지상낙원

아무리 바빠도
한가로운 시간을 마련하라
영혼이 머무르게

영혼의 불타오름
순수한 영혼
영원히 빛나리라

지상낙원을 꿈꾼다
지구별이 축복받는 별이 됐으면
자연과 함께 살아가고

먼 우주로부터의 메시지
차가운 공기를 뚫고 귓가에 들린다
종말이란 있지도 않은 허구
우주는 영원하니깐
공간의 끝없는 시간이 흐른다

바람의 소식은
인류를 향한 메시지
신비하고 신기한 세상 세계

착하게 선하게 살아라

당장은 손해 보고 사는 것 같지만
미래는 그들을 위해 있다

사랑도 하고 연애도 하거라
사람으로서 태어났으니깐
미래는 희망적이다.

천사가 되는 것

우주의 아주 먼 곳에서
사랑을 찾아 왔습니다
사랑이 이루어져야
비로소 천사가 된다는
그 사랑 널리 퍼지게 하고
모든 것이 얼어붙은 겨울
그 사랑이 녹여줄 겁니다

그 사랑이 지구별을 구원할 겁니다
아름다운 지구별

커튼 사이로 아침햇살이 스며든다
태양
모든 것에 대한 소중함
존재해 있는 모든 것에 감사하며
선이냐 악이냐 이전에
깨닫는 것이 아주 중요하다

평화와 자유다
마음을 평온하게 갖고
자유로워져라

세상이 평화롭고
자유로운 곳이 되길
생각이라도 하라
나머지는 신이 알아서 하신다.

태초로

지상낙원 태초로 갑시다
숲이 우거지고
신비한 기운이 도는
별은 쏟아질 듯 밝고

호랑이 등에 어린아이가 타고 놀고
온갖 생명체가 숨 쉬는 지구별
약육강식의 먹이사슬이 아닌
자연스럽게 사는 태초로

악은 사라지고
선하고 착한 자만 살아남는
기적의 일이 벌어지는
다가올 미래의 거친 숨소리는
잔잔한 호수의 맑고 투명한
느낌으로

서로 서로 사랑하고 보듬고
자연과 하나가 되는 그런 기적이
한줄기 빛이 희망이 되어
지구별을 찬란하게 비추는
그런 세상이 올 것이라네.

나 죽이고

떠나거든 나 죽이고
떠나시오
그대 없는 난 존재하지
않으니깐

꽃처럼 아름다웠던 지난날
다 잊었소
낙엽 떨어지는 낭만
다 잊었소

사랑한다는 말 잊었소
그 사랑 거짓이었나요

떠나시거든 날 죽이고
떠나시오
그대 없는 난 존재하지
않으니깐

사랑해서 떠나는 건가요
나도 사랑합니다
그래요 떠나세요
떠나는 날 하늘이 요동칠 겁니다.

신비

설산은 바라만 보아도 좋다
물은 햇빛에 반사된 은빛 물결만 보아도 좋다
그런 사람
바라만 봐도 좋은 사람
별도 달도 해도 못도 나무도 안개도 다 그렇다

우주의 신비함
신비한 것은 신비한 체로 남겨 둬야 하는 것
우주 진출 개발할 것 없다
그 시간과 돈을 지구별을 위해서 써라

평화로운 세상
자유와 사랑 건강
무엇이 더 필요한가
짝짓기! 신성한 일이다
그렇지 아니한가

겨울여행
겨울바다 해운대
통통배 타고 오륙도 돌아오는 새우깡 받아먹던 흰 갈매기들

한 번 더 가고 싶구나

끝인 것 같지만 끝이 아닌 공간
아! 또 시작인가.

욕심을 버린다면

그리움 너머 사랑이 있는데
무지개 같아
잡을래야 잡을 수 없는
슬픈 사랑

겨울 이야기는 하얗다
겨울 사랑은 따뜻하다
또 시간 속에 버려진
사람은 너무나 슬픈 사람이다

서로서로 보듬어 주는
세상이 되어야 한다
지상낙원이 별거더냐

욕심 때문인가
별 속에 파묻혀버린
외로운 사랑 때문에
인생 더 허무하구나

겨울에 하얀 눈이 오는 것은
너무나 좋다

그러나 폭설이 오면 문제가 되는 것

무엇이든 알맞게
욕심도 알맞게
사랑도 알맞게
인생 큰 문제 없이 살게 될 것이다.

겨울 나라는 깊어지고

하얀 태양과 하얀 달이
같이 떠 있는 하늘
죽은 것 같지만 또 살아가는
우주의 섭리
겨울 나라는 깊어지고
눈이 또 한바탕 내렸다

밭과 논 산에 하얗게 눈이 쌓여
시골스런 소박한 자연의 모습

살아야 한다 살아야 한다
죽을 것 같으면
신이나 천사에게 손을 내밀어 봐요
반드시 도와줄 겁니다
선하고 착한 자여
걱정 하나도
두려워할 것도
신경 쓸 것도 없다
세상의 법칙은
정의를 위해서 순리 섭리 이치

겨울 산새 푸드득 날아가는구나.

세상의 섭리

달빛 사이로 사랑이 비춘다
사랑이 흘러 평화를 이루고
자유로운 세상이 되면

바람 부는 데로 가면 되겠다
온몸을 맡겨
넓은 바다로 갈까
물 흐르고 작은 호수나 연못으로 갈까

작은 가슴으로 넓은 세상을
안기는 힘들다

세상의 한 일부가 되는
그 가운데 자기 인생 살면
그게 섭리겠네

세상의 섭리는
자신을 사랑하고 남을 사랑하는 것
평화나 자유를 위하여
사는 것도

우리 그렇게 한번 해 봅시다.

아침의 찬가

아침의 찬가는
새들의 지저귐
태양이 떠오르기 직전
동터오는 순간
세상은 다시 시작하리라

님은 가까운 데서 찾아보세요
님은 당신 곁에 있으니깐요
별님이 그렇고 달님이 그렇고
당신의 님 아닙니까

태양이 찬란하게 빛나고 있습니다
밝은 미래를 암시하죠
누구나 어려운 시기는 있어요
그 시기 잘 견디고 극복하면
인생의 참맛을 알게 될 겁니다

과거의 안 좋은 기억은
삶의 바탕이 됩니다
미래를 염두해 두고
현재를 열심히 최선을 다해

살아갑시다

진심은 통합니다
무엇을 하던
진실되게 진심으로
대하면 이루어질 겁니다.

겨울 아침

겨울의 아침은
태양이 빛나는 한
찬란하다
구름같이 가는 저 새는
내 님 찾아 떠나려나

하늘의 높다란 뜻은
신의 계시도 메시지도
아침의 산새들이 들려주는구나

모두의 아침
겨울의 시원한 공기
폐 깊숙이 들어와
천상의 나래를 펼치거라
지상의 천사여
나를 잊어 주소서
그대를 영원히 잊지는 않겠소

시골, 나의 보금자리 보듬고
무엇을 꿈꾸는가

햇살이 부서져
영혼에 뿌려진다.

사랑의 순간

공간의 흐름
공간과 공간
시간을 통과하여
사랑의 순간
기적은 일어나서
무지개가 생기는

우주와 우주
그 사이에 공간은
흐르고

그대의 눈가에서
이슬을 보았어요
아주 작은 이슬
슬픈가요
나를 보세요
그대의 희망
그대의 등불이 될 거예요

마음속에 작은 꿈 하나 있어요
촛불 같은 것

외롭다
하도 외로워서
외롭지도 않다

부디 이 늪에서
벗어나서
무지개빛 삶을
살기 바래요.

바람속에 사랑이 있어요

바람 속에 사랑이 있어요
그 사랑 찾아 바람따라 가네요

사랑이 꽃 피는 영혼
영혼의 휴식
정열적인 영혼
불타오르는 사랑의 영혼

가슴 한가운데 화산이 있네
뜨거운 사랑의 화산
그 화산 폭발하여
세상천지에 퍼지기를

별이 지나가요
마음 한가운데를
광채가 뿜어져 나오네
모두를 밝히는
세상을 밝혔으면

정열적인 자유
자유롭게 산다
어느 것에도 구속받지 않고

까마귀가 말한다
난 속은 하얀 순수하다고
별이 묻는다
왜 사냐고
사랑하자고 사랑하자고
우리 모두 사랑하고

님, 사랑하는 님 계시면.

영혼의 꽃
- 휴식

꽃은 언제 피나요
사랑할 때 아닌가요
사랑의 꽃
머물다가 간 사랑이 아니라
영원한 사랑이길 바라요

무엇이 그대를 괴롭히나요
다 마음에서 나오는 것 아닙니까
마음 한번 고쳐 먹으면
지옥도 천국이 되는거죠

자연스럽게 마음시다.
증오와 미움이 스쳐 지나갈때
바라봅시다
끝날 때 까지
그래도 꽃은 피니깐요

천상에서 천사가 내려오면
그대에게 갈겁니다.
그대는 그 누구보다도
선하고 착해도

하늘의 꽃 한송이 따서

하늘과 신이 그대에게
축복을 내려줄 겁니다

영혼의 꽃이 예뻐요
그대에게도 있어요
꽃의 향기 맡으면서
지친 그대가 휴식을
했으면 하는 군요

백두산

밤이 깊어간다
길고 긴 겨울밤
혼자다 해피하고

괜찮다 편안하다

사랑하는 님이 오신다면

라디오 소리만 들린다

한반도는 하나다
반드시 평화통일되어야 한다
민족의 명산 백두산을
반을 중국에 준 것이 참으로 안타깝다

의미 없는 노랫소리가 라디오에서 흘러나온다

슬픈 미소가 아름다운 때가 있다
뒷 모습이 쓸쓸한 女가 아름다울 때도 있다

외롭다 하도 외로워서

외로운 것도 모르겠다

살뿐 의미 뜻도 모르겠다
현재로써는 살뿐
살아야지, 살아내야지.

제2부

돌연변이 별

돌연변이 별

조용한 밀물이 밀려오는
기쁜 마음의 저 바다로
하나뿐인 지구별
그 안에 온갖 생명체들이 살고 있는
약육강식의 돌연변이 별

언제나 내 안에서
평화로운 마음의 하나인
사랑과 자유
인생 살다 살다
다른 우주에 있는 하늘나라로 가겠지

소용없는 짓인가
왜 이렇게 무거운 짐을 지는가
운명 어쩔 수 없는
자유롭고 싶다 해탈하고 싶다
저 바람처럼

하나가 되는 순간

세상의 모든 것들이
아름답다면
천상의 모습처럼
우주 한켠에 있을 하늘나라

저 멀리 있는 다른 우주
끝없는 우주 수없이 많다
얼마나 큰 공간 세상인가

사람은 점도 안되는 존재
그러나 다 소중하고 중요하다
멀리서 다가오는 행복이
곁에 있고

깨우쳐야 한다
사람으로 태어난 이상
깨달아야 한다
명상을 해보자
온갖 잡념들이
하나가 되는 순간
다시 태어나는 것이다.

천사

이슬에 젖은 마음
영롱하기도 해라
그대의 모습
이슬이어라

날아오른다
날개가 겨드랑이에서
솟구쳐 날개짓하는
천사가 날아다닌다

세월아 잠시만 멈춰다오
내가 따라갈 수 있게
지상낙원으로 가자꾸나
앞에는 에메랄드 푸른 바다
뒤에는 온갖 열매나무

인생 무엇이더냐
상상의 나래를 펴라
상상 그대로 되는 기적의 순간
우리는 사라질 것이다

소원을 말해 봐요

다 들어줄게요
행복의 세상 그리고
갈 겁니다
그곳으로.

엔돌핀

꽃아 부르지 마라
내가 너한테 갈테니
너에게 키스를 해주마
아름답고 예쁜 너
엔돌핀이 솟는구나

아름답고 예쁜 것을 보면
엔돌핀이 생긴다

그런데
미워도 예쁜 구석이 있을 것이다
그것을 봐라

사랑하라
엔돌핀이 솟는다

나이가 들어서도
사랑하라
그 대상은 자유이다
건강과 장수할 수 있다

웃어라
엔돌핀이 생긴다

마찬가지이다.

아기호랑이 랑이

아기 호랑이 랑이
겨우 네 발로 걷는구나
엄마한테는 투정 부리고
형제들과 장난짓 하네
귀엽고 예쁜 랑이
커서 무엇이 될래
늠름한 수컷 호랑이로

랑이는 내 동생
아이 귀여워
랑이는 장난꾸러기
밤하늘에 별을 보며
엄마에게 물어보네
"저게 뭐야 반짝이는 게"
응 그것은 너의 별이란다
나중에 그곳으로 간단다

아기호랑이 랑이
귀여운 짓 예쁜짓
장난치네

아기호랑이 랑이
랑이는 내 동생 나의 영원한 친구.

사계절

사계절이 있다는 것이
얼마나 축복인가
점점 아열대 기후로 변하지만
봄에는 꽃 피우고
여름에는 태양의 계절 피서철
가을 결실의 계절
겨울 눈이 내리는

창조자께 감사드린다
사계절 있는 대한민국 한국에서
태어나게 해준 것을

우리는 북으로 대륙을 향할 거며
남으로는 해양국가를 만들 것이다
세상을 널리 이롭게 하라
홍익인간 정신
어떠한 어려움이 있었어도 오천 년 반만년의
역사가 흐르는 한반도, 한반도는 하나다

한반도의 영혼이여 깨어나라
그리고 전진하라 세계를 호령하고 다스려라
한반도, 그 한반도를 사랑한다.

영원한 꽃

겨울꽃이 눈꽃송이
나무 나무마다 맺혔네
해 떠오르면 사라지는 꽃

마음에도 꽃이 피어
선하고 착한 사람에게만
피는 꽃

겨울에만 되는 눈꽃송이
마음에도 피었구나
영원한 꽃
친구 같은 꽃
연인의 꽃

하얀 세상
순백의 눈
천상에서 내리면
하얀 꽃이 핀다네

겨울찬가의 노래는 아름다웠다
깨끗하고 맑았다
세상에서 둘도 없는 하나의 눈꽃

포옹

꽃이 화사하게 피겠지
봄은 아직 멀었지만
가슴에는 꽃이 활짝 피었네
사랑할 것 같다
그대의 그 느낌

무지개빛 인생, 삶이
펼쳐지려나
그대에게도 퍼져
일곱 색깔 무지개가
그대 얼굴에

좋다, 그대의 말 한마디 한마디가
웃겨서 좋다
나무를 포옹하면서 묻는다
이 사랑이 잘 될 것 같냐고
말 대신에 따뜻한 온기로
나무는 대답한다

기쁨을 갖추지 못하고
나무를 더 세게 포옹한다.

꿈은 이루어지라고 있는 거다

어느새 영혼의 느낌이
하늘의 뜻을
천상에서 천사 한 마리
지상으로 내려와
꿈같던 지난날의 추억
꿈은 이루어지라고 있는 거다
세상의 단 하나
무엇을 사랑하든지 간에
진실로 진심으로

세상사, 다른 세상은
괜찮은데 지구별만 엉망이구나
솟구치는 기운이
겨울 하늘가 안개꽃에
서러움 가득 안지만

하나의 뜻은
나 하나의 뜻과 같네
결국에는 한 마리 존재가
온 세상을 다스릴 것이다.

태초로 태고적으로

까마득한 태고적에
인류가 나타나기 전에
지구별은 지상낙원이었네
신의 실수 하나
인간을 창조 진화시킨 것

태고적의 지상낙원으로
가야한다
신비한 기운의 평화
사랑과 자유가 넘치는
누가 이끌고 갈 것인가

별은 바로 눈 앞에 있듯이
밝았고
꽃들은 지천으로 피었다네

인간은 지금 지옥과도 같은
현실에서 벗어나지 못하고 있다
그렇지 아니한가
온갖 범죄 경쟁적인 사회 전쟁

다 때려치우자

푸른 하늘이 지켜보고 있다
인류의 앞날을
태초로 태고적으로.

그대로

그 하늘 그대로
사람만 변하네
진리는 그대로
인간만 변하네

사랑은 그대로
태초 때부터 내려오고 있네
사랑
아껴주고 위해주고 보듬어 주는 것

새벽에 깨어나 보니
세상이 변해 있었다
정확히는 세상이 변한 게 아니라
내가 변한 것이다

욕실 버려야겠다
붓다처럼 부귀영화 다 버리고
보리수나무 밑에서 깨달음을 알지는 못해도
어느 정도는 버리고 살아야겠다

부활한 아기천사 예수는 지금

어디서 무얼 하고 있는지

아직은 동이 터오질 않고 있다
지금이 가장 좋을 때이다
동 터오기 직전
인생도
활짝 피기 직전이 좋은 때이다.

꿈

별이 쏟아지듯
가슴에 담는다

무언가를 쫓고 있다
진리든 진실이든 그것이
하찮은 것이라도
아마 꿈이겠네

꿈은 가까이 있다
멀리 있는 것은 욕심이다

우주의 생성과 소멸
블랙홀이 있다면 화이트홀도 있는 것
별들이, 행성들이 만들어져 우주로 쏟아지는 것

우리별로 가자꾸나
먼 훗날에
영원히 살 수 있는 그런 별

우리는 지구별을 포기했네
사람이 도저히 살 수 없는 별이 될 것이다

어쩔 수 없다 이것이
하늘의 뜻이고 신의 뜻이면

지구의 70%가 바다라면
썩은 바다를 상상할 수 있겠는가
늦지 않았다
소수의 사람갖고는 안된다
사람 모두 동참하여
큰 재앙을 막아야 한다
할 수 있다
될 수 있다.

정복

겨울의 아침
차갑구나
멀리서 메시지
자연을 버려서는 안 된다
자연 속에서 자연스럽게
살아야 한다

7살이 어제 같은데
지금 59세
말도 안 된다
세월은 막을 수 없구나

생로병사, 나도 늙고 병들고 죽겠지
허무한 게 인생이구나
그래도 사는 동안 만큼은 건강하게

욕심만 버려도
욕심 없이도 살 수 있는
사회, 나라, 지구별이 되어야 할 것 같다

산을 정복하지 말아라

산은 자연들에게
양보하거라
조화로운 세상이 될 것이다.

명상

명상을 하자
가부좌하고 앉아서
해도 괜찮고
그냥 마당에 테라스에
의자 하나 준비하고
햇빛 받으면서 해도 되고
가만히 누워서 해도 괜찮다
매일매일 하자
오분이라도 좋으니
매일 매일 하자

인생이 변할 것이다
아등바등한 인생에서
고차원적인 삶으로

아무리 바빠도
하루에 오분은 시간 낼 수 있지 않은가
규칙은 없다
하고 싶은 대로 하라
내가 지금 명상하고 있구나라고
느낌만 받으면 된다

모두를 위해서 꼭 하자

어려울 것 없다
큰 기쁨이 찾아올 것이다.

인류의 길

시간은 흘러간다
인생이 담긴 여운
우주의 공간은
푸른 기운을 담아
암흑천지를 만들어
행성이 하나씩 생성될 때마다
무한한 가능성을 보여준다

정점을 향해서 간다
세상의 끝
그곳에 무엇이 있을까
U.F.O 모선이 달린다
광속으로 빛의 속도로

무엇을 찾아 헤메이는가
진리 또는 진실
그렇다면 그럴 필요 없다
자기 자신 안에 다 있으니깐

끝없는 세상 무한한 세계
사람은 한 점도 안된다

그냥 사는 것이다

순리에 의해
겸손하고 겸허해져야 한다

인류의 길은.

천상의 나라

구름같이 흘러간다
내 인생은 흘러간다
비가 온다 차가 달린다
나도 달린다

바람의 느낌은
계절마다 다르다

세상의 진리는
어디 갔는가

눈보라가 휘몰아치는
들판을 지나
천지에 꽃들로 가득한
천상의 나라

과연 우리는 가능할까
꿈과 희망을 잃지 않는다면
지상낙원으로 갈 것이다. 확신한다.

신의 뜻 하늘의 뜻

수평선이 보인다
더 나아가면 파라다이스 섬
태고적에 지구별은
혹성에서 물이 생겨나고
바람 구름 하늘이 생겨났다
그리고 온갖 생명체들
사람의 출현
평화로운 지구별이었는데
돌연변이 사람이라는 동물 때문에
지구철도 돌연변이가 되었다

신은 과연 지구별을 어떻게 할 것인가
하늘의 뜻은 무엇일까

인류는 자연을 도와야 한다
온갖 병이 사라질 것이다
죽음의 고통도 없이
자연사할 것이다

인류의 자연을 도우세요
신의 뜻 하늘의 뜻입니다.

겨울 태양

신나는 인생
우주의 기운을 받아
축복받은 인생
별이 헤메이는 구나
겨울별은 유난히 밝다

태양은 떴고
빛이 사방으로 퍼져나간다
하루의 시작을 알린다
그러다 밤이 오고
겨울 태양은 사라지고
별들로 채워질 밤의 하늘

그리움은 처절하게
나그네의 삶과 같은
긴 방랑의 느낌
세월아 세월아 가지 마라
늙는다는 것이 아쉬운 것은 아니지만

참으로 이 시간이 고맙다
평화로운 아침

세상이 평화롭고 공간도 우주도 지구별도 사람들도
다 평화로우면 좋겠구나.

바람이여 안녕

나로 하여금
슬프게 하는 것은
한 송이 꽃이
떨어지는 그런 슬픔

함박눈이 내려
쌓였던 하얀 눈이
녹기 시작할 때

비에 젖은 나뭇잎들
이슬에 녹은 잎사귀

바람이여 안녕
바위처럼 단단한 그 무엇
창밖으로 부는
한 겨울의 바람 소리

새들은 보금자리로
더 이상 날아오지 않는
겨울 추위

그리고
나에게는 님이 없다는 사실
포기하는 순간
새 희망은 솟는다.

서러운 날들은 가고

모든 것을
사랑할 때
그래야 살 수 있는 것
산등성 노란달이 걸렸네
달의 모정
태양의 여신
잘들 사는지

추억은 바람에 묻어와
감성에 물들인다

우연히 일어난 일들
기적과도 같은 것들
한백년 사는
백세시대
난 한오백년 살겠다
꿈을 먹으면서

서러운 날들은 가고
기쁨의 날들이 찾아오고
언젠가는 된다는 신념, 확신, 믿음

서로를 바라보면서
사랑의 속삭임을 나눌 때.

제3부

바람이 분다

바람이 분다

우선 건강
그리고 욕심 버리고
부처가 부귀영화 다 버리고
보리수나무 밑에서 깨달음을
얻었듯이
부활한 아기천사 예수는
바람 타고 생생

세상살이
힘들다 하여도
사랑하면
그런대로 살만한

세상을 구원할 자는
자기 자신들
그렇지 아니한가

바람만 안 불면
따뜻한 겨울 오후
인생의 바람은
살고자 하는 생명력

아무런 희망도 없고
꿈도 없이 산다면
또 그냥 살게 되지만
희망과 꿈이 있으면
그래도 낙이 있지 않을까

바람이 분다 한번 살아보자.

산책

산책하라
십분 만이라도
천천히 걸으면서
주위 사물을 보면서
버릴 생각 같은 것은
버리고
텅텅 비워내라
중요한 것은
천천히 걸어야 한다
그래야 산책이다

머리를 종합적 투명하게
일체적으로 생각하다
나무만 볼 것도 아니고
숲만 볼 것도 아니다
나무 숲 다 봐라
현명하게 살 수 있는
방법이 산책이다
건강은 기본이다
습관이 무섭다
산책하는 습관을 들여서
산책할 수 있는 시간도

마련해서
산책하는 사람이 되자.

세균

코로나19 독감 감기
각종 세균성 전염병
세균을 연구 실험 테스트하는
싸움 말고
세균을 사랑하면 어떨까요
세균도 자연입니다
사랑은 사랑으로 되돌아옵니다

한번 그렇게 해 봅시다
세균을 사랑해 봅시다
자연은 그냥 놔두는 것
사랑합시다
세균과 더불어 함께 살아가 봅시다

자연을 사랑합시다
자연은 몇 배로 사람에게 사랑을
되돌려 줄 겁니다

실험 연구 테스트 같은 거 하지 말고
세균을 오롯이 사랑해 봅시다
어쩌면 세균과 함께 공생하면서

살아갈지도 모릅니다

길은 이것뿐인 것 같은데
진심을 다해 세균을 사랑해 봅시다.

명상명심

사라져 가는 모든 것들
새롭게 나타나는 모든 것들
우주의 생성과 소멸
블랙홀 화이트홀

현재 존재해 있다는 것
어디서 왔고 어디로 가는가
아주 먼 별에서 왔고
아주 먼 별로 가는 거라네

지구별에 잠깐 머무르는 것

바람으로 왔고 바람으로 떠나는 것

인생 덧없다 허무하다
의미를 부여하려고 그러기 때문
담담하게 받아들이면 돼요

괴롭다 힘들다
마음에 달려 있는 것
밝은 생각 밝은 마음

명상명심을 하세요

그리운 님 보고 싶다면
한바탕 우세요
해소될 겁니다.

신기한 세계 신비한 세상

날아가는 저 새는
자유로울까

자유와 해탈

별마다 맺힌 이슬
이슬 받아먹고 사는
아주 작은 초록 풀벌레

세상은 신비하다
세계는 신기하다
그 속에서 우리는 살아가는 것이다
아무런 문제 없다
아무런 걱정할 것 없다
다 자연스럽게 될 것이다

평화는 흐르고 있다
인간만이 못 느낄 뿐
느낌, 중요하다
느껴라 세상은 평화롭다고

싸우는 인간들
한심하기 짝이 없구나
욕심내는 인간들
당연하다
그러나 그 욕심 버리려고 해봐라
지상천국 극락세계가 될 것이다

산다는 것 자체가
산이 살고 물이 살고 불이 살고
바위가 살고 구름이 살고.

육체적 사랑

육체적인 사랑은
아기 낳는 행위
쾌락을 위해서 하는 행위
첫 번째는 본능이니깐
두 번째는 사람이 돌연변이다
이것도 본능적인 것

할 만큼 하라
그 수밖에 없다
인간으로 태어난 이상

육체적 사랑이 전부는 아니지만
필요는 하다
인간 생리현상 남자, 여자
하나가 되어야 할 때
순리가 될 수 있다

바람이 불면 외출하라
짝을 찾아봐라
능력껏
풀어라, 맺힌 것 풀어라

사는 방법은 여러 가지다
자기에 맞는 길이 있을 것이다
그 길 가면 된다
평탄한 길 가시밭길
장미빛길 진흙탕길
자기 길이 있을 것이다
가라 그 길.

조화로운 세상

의·식·주 해결한다면
그것으로 된 것
기본적인 것
평화롭고
자유롭게
사랑하고
그렇게 살면 되는 것

하이에나가 썩은 고기를 왜 먹을까
착해서 그렇다
살아 있는 생명체를 잡아 죽이지
못하기 때문이다
잔인한 거니깐

회색빛 하늘이다
눈도 아주 살짝 내렸다
하늘은 똑같을 때가 한번도 없다
변화무쌍하다

하늘님이 조화로운 세상을 만들려고
신과 함께 대 합동 작전을 펼치고 있다

음·양, 남·녀, 물·불, 선·악

선한 사람도 구원받고
악한 사람도 구원받고
그 전에

뉘우치고 참회해야 한다
잘 살길 바란다.

구원

우주는 끝없이 넓고 크다
U.F.O 외계생명체 있다
U.F.O는 세네 번 봤다
U.F.O 모선이 있다
별로 가장한 채
사람만이 사는 우주가 아니다
다른 생명체도 사는

우주는 수없이 많다
얼마나 큰 공간인가
상상이 안 간다

사람은 지금 낭떠러지로 가고 있다
겸손하고 겸허하게
살아야 하는데
그래도 신이 만든 생명체이기에
하늘과 신이 도와주려고 한다

우주는 대 자연이다
인간은 돌연변이 이다
자연의 일부가 아니다

자연이 아니다

분명한 것은
인간 스스로 만든 것

기대해도 좋다
하늘과 신을 믿으라
반드시 구원해 줄 것이다.

하얀 설화

꽃 중의 꽃 하얀 설화
겨울에 피는 꽃
그 아름다움
해 뜨면 사라지고
눈 내리면 또 피는 꽃

하나의 완성으로 다가서는
세상 이치가
우주의 새로운 세계

따스한 겨울 오후
바람 불어 카페에 갔다
매상 올리려는 카페 사장과 종업원
속는 척하고 맥주 마시고 왔다

외로운 것인가 아닌가
모태솔로 59살
여자 복 더럽게 없다

찬란한 햇빛이 커튼 사이로
들어온다

아무리 더러운 세상이어도

욕심 버리고 살면
사랑하면 살만한데

인생 참 묘하다.

영원한 생명력

산 넘어 해 너머 가니
순간 추워진다
엄마는 잘 계시겠지
우리 해피 보니 또 기쁘다

언제 우리가 만났나
운명인 것을
뭐 이리 급한가
또 참새 두 마리가 현관 앞을 찾아왔다
아마 부부겠지

사람 팔자 보다 낫구나
인생, 노력하고 최선을 다하면
행복해진다는 것을 믿는다

세월이여 흘러라
마음껏 흘러라
난 괜찮다
영원한 생명력

살 자는 살고 죽을 자는 죽는다

지구별의 이치인 걸

먼 별로 떠나고 싶구나
아주아주 먼 별로.

바다여 영원하라

자유로운 상태
해탈의 경지
어느 것에도 구속받지 않는
우리가 추구해야 할 것

구름 위를 걷는 듯한
바람 타고 자유롭게
바다여 영원하라
돌고래 떼

푸른 하늘 저 하늘
축복을
아름다운 사랑을 위해
저마다의 꿈
이루어지게

땅 위에서
평화가
새들이 전하는
그런 평화가.

바람아 불어다오

별은 빛나지요
마음도 빛납니다
우리들 가슴은
환한 달빛 하나
간직하고 있습니다
세상이 어둡고
캄캄한 세계라도
우리들 마음은
태양 하나 갖고 있습니다

세상이 밝다면
한번 살아 볼만 한데
지금은 시궁창에 빠져 있어도
내게 구원의 천사의 손이
내밀어져 무지개빛 삶으로

바람아 불어다오
그 바람 따라가게
지상낙원으로 가게
바람아 불어다오.

인연

신과 하늘께 감사드린다
평범하지는 않지만
예술 활동을 할 수 있어서

바다가 보고 싶다
겨울바다
흰 갈매기들도 보고 싶다
마음대로 할 수는 없어도
떠나고 싶을 때 여행 가는 것은
축복이다

사랑이 눈앞에 있는 것 같다
내게 女가 생기는 그런 기적
기적이다 나로서는
남들은 평범한 일이지만

한 세상 속에서 살고 있다
세상도 수없이 많다
얼마나 큰 그 무엇인가

가족 연인 똥강아지로

만났다는 것이

기적과도 같은 소중한 것이다
있을 수 없는 일이다

모든 것에 감사드리며
신과 하늘께 감사드린다.

교육

무엇이 그대를 괴롭히는가
괴용한다는 것은 허구다
그렇지 아니한가
아파서 병에 걸려서
가난해서
아니다
그리 간단한 것이 아니다

북극이 녹고 있다는데
지구온난화
인간의 잘못이지만
이것도 자연스러운 것이다

미래 세대가 살아갈 지구별은
지금과 다른 것이다
과학이 무엇인가
인간만을 위한 과학은
과학이 아니다
적어도 지구별 모두 위한
과학이어야 한다
인간들의 이기주의

그래서 싸우고 전쟁하고

변해야 한다
부처나 예수처럼 성인은 못돼도
비슷하게는 할 수 있다
어려서 교육부터
획기적인 창조적인 교육이 필요하다
그까짓 공부 상식 입시
누구를 무엇을 위한 입시인가
다 때려치워라

사람이 되게 우선 인간이 되게
가르쳐야 한다
꽃을 보면 예쁘고 아름답구나
동물 눈망울 보면 참 순박하구나
그런 것을 가르쳐야 한다

나머지는 미래세대들에게 맡긴다
미래세대들에게 행운과 행복이
찾아 왔으면 한다.

포옹

하늘에 맺힌 눈길
구름이 두둥실 평화롭구나
서너 마리 새들도 날아가고

어떻게 하면 지구별에서
인간들이 싸우지 않고
전쟁도 않고
그렇게 살아갈 수 있을까
복잡 미묘하다

법이 전부가 아니다
물론 법치주의 국가지만
자연도 법이 있을까
날아가는 철새가 법에 의해
날아가는 것일까

자연을 닮자
나무를 닮자
마지막 인류의 희망은 나무이다
나무처럼 신기하고 신비한 생명체가
지구별에 있을까

요즘 나무를 포용하고 있다
껴안고 있다
겨울나무가 의외로 따뜻하다
교감하는 거죠

여러분도 한번 해보세요
사람끼리의 포옹과는 또 다른
느낌이 옵니다
꼭 해보세요.

제4부

천천히 천천히

천천히 천천히

기적이 무엇인가
모세의 기적만이 기적인가
생명체의 탄생도 기적이죠
아기 낳읍시다
기적을 경험해 보세요
나는 그렇지는 못하지만

태양이 높게 떠 있는
봄보다도 더 따뜻한 오후다
외출을 하고 싶은데
사정상

세월이 시간이 금방금방 간다
나이가 들어서 일까

천천히 천천히
한국인들 너무 급하다 빠르다
나도 그렇다
인생 천천히 살 필요 있다
그래야 옆에 있는 진리를 진실을
볼 수 있는 것이다

한민족 현재 이 정도
잘 살면 됐다
선진국처럼 잘 살지는 못해도
욕심 버리자
현 상태만 유지하자

욕심을 약간 부리면
복지가 더 잘된 사회가 되는 것이다
물론 지금 복지가 어느 정도는 잘되고 있다
경제는 전문가들만이 하는 것이 아니다
보통 사람이 다 이뤄낸 경제 아닌가
그렇지 아니한가

지금 이대로 이 정도면.

한강의 기적

꽃들이 필 것이다
이 겨울 지나면
난 사계절이 다 좋다
봄 가을 겨울 여름
다 좋다
한반도 참 좋다
내 생애에 한반도 평화통일을
볼 수 있을까
아직 많이 남았으니깐
볼 수 있을 거라 확신한다

한강의 기적
누나들 형님들 아버지 세대
할아버지 세대들이 만든 것이다
우리는 그 혜택을 보고
누리고 있는 운 좋은 세대이다
그런데 어려운 것은
지켜내는 것이다
한강의 기적을 지키자
우리 세대들이 할 일이다
그래서 우리도 후세에
한강의 기적을 물려주자

이젠 환경이다
난리다 지구를 살리자고
정확히는 인간을 살리자고
늦지는 않았다
하고자 하는 열망만 있으면 된다

인류가 멸망하는 시기는
한 사만 년 후
영원한 것은 없다
아주 까마득한 시간이니깐
생각할 것 없고
자연보호나 잘 하자

봄이면 꽃 피고
여름이면 바캉스
가을은 단풍에 낙엽
겨울 눈 내리는 행복
얼마나 좋은가
나라를 지켜낸 옛 선조들께
감사드릴 뿐이다.

희망과 꿈과 웃자

살아가는데 있어
희망과 꿈은 중요하다
안 이루어지는 사람도 있겠고
이루어지는 사람도 있겠다
똑같다
희망과 꿈을 품고 살자

웃자, 다 좋다
웃는 사람도 듣는 사람도
건강에 아주 좋다
시간 없어서 돈 없어서
헬스 못 끊는 분은 특히 더 웃자
시간도 돈도 필요 없다
웃을 일 없으면
집에서 혼자 억지로라도 웃자
효과가 있다
스트레스 풀린다
웃음 요가도 있지 않은가

별님도 웃고 달님도 웃고
햇님도 웃고 자연 모두 웃는다

모두가 웃는 날까지
모두에게 건투를 빈다.

외계 생명체

심해, 아주 깊은 바닷속에
외계 생명체 아지트가 있다
바닷속 동굴 지나면
아주 넓은 땅이 나온다
거기에 사람들도 살고 있다
납치되거나 원한 사람들이다
납치했다고 나쁜 것이 아니다
지구 땅 위보다 훨씬 더 잘 살고 있으니깐

U.F.O
U.F.O 모선
별로 위장한 U.F.O 모선
외계 생명체들이다

그들의 뜻을 모르겠다
한 가지 분명한 것은
아주 선하고 착하고 귀엽고 예쁜
생명체라는 것 밖에

때가 되면 자신들의 정체를
밝히겠지
영원한 비밀은 없으니깐.

자유

자유롭다는 것
무엇으로부터 해탈인가
자유의 여신상
총 휴대가 자유인가
미국의 아이러니한 것이다
미국을 홍보하는 게 아니다
그렇지 아니한가
과연 총 휴대가 자유인가

육체 정신 영혼 마음 느낌
다 자유로워야 한다
육체의 자유
정신적인 자유
자유로운 영혼
자유로운 마음
느낌의 자유

편안해질 거다
평온해질 거다
자유로운 국가를 만들어야 한다
어느 것에도 얽매이지 않는
그것이 인류의 최종 목표가 될 것이다.

산은 산이요 물은 물이로다
– 성철 스님

산다
살아간다
무슨 의미가 있을까
어머니 뱃속에서
이 세상에 나왔으니깐
사는 거다?
주변 생명체들
가족 집에서 같이 똥강아지
위해주고 아껴주고 보듬어 주는 데서
의미를 찾으면 어떨까

산은 산이도 물은 물이로다 – 성철스님

산은 산으로써 존재해 있고
물은 물로써 존재해 있고
나는 나로서 존재해 있다
존재해 있다는 것만으로도
크나큰 축복이다
그런데 죽어서도 산다면
산 자나 죽은 자나 똑같도다

걱정, 불안, 초조, 겁나는 것, 신경 쓰는 것

그러지 말거라
평정심을 찾고 잃지 말아라
웃을 때 웃고
울고 싶을 때 울고
그래 이것도 정답이다

평정심도 정답이다

도사들은 울지도 웃지도 않는다
얼굴에 평화로움이 있다
평정심이라는 것이다

한번 도사들처럼 해보고
싶지 않은가

난 잘 웃어서 잘 울고
웃고 싶을 때 웃는 것일 뿐
울고 싶을 때 우는 것일 뿐.

신은 신이다(여행)

겨울 여행은 쓸쓸하고
고독하면서도 낭만적이다
육지는 바다로 바다는 육지로
한번 해봄이 어떨까

겨울바다, 도시에서 사는
사람들에게 추천해 주고 싶다
해운대
오륙도 돌아오는 통통배 타고
새우깡 받아먹는 흰갈매기들

무식해서 상대성 이론을 모른다
그런데 분명한 사실은
이론일 뿐 실제로 벌어지는 일이
아니라는 것이다. - 이게 맞나 -
아무 소용 없는 이론이다

블랙홀, 별이 사라지는 공간
화이트홀, 별이 생겨나는 공간

생성과 소멸은 섭리, 순리. 이치이다.

영원한 것은 없다

신도 언젠가는 사라질 것이다

그러나 신은 말한다

신은 신이다.

국수역

어렸을 적 엄마하고
외가댁 갈 때
기차 타고
국수역
외갓집 가는 길 도중
길모퉁이에 핀 코스모스
기억에 오래 남는다
코스모스 꽃 하나 꺾어
비행접시 날린다
국수역, 기차 올 때까지
철길에서 놀던 때
자갈이 깔려 있고
철길은 약간 녹슬었고

다 사라진 그 옛날
그립구나

낭만이 있었는데
요즘은 너무 편리한 것만 찾아서
정말 사람들이 E.T처럼 되려나

세상이 변했나
사람이 변했나

더 거슬러 한참 올라가서
옛 태고적 모습은
신비함 그 자체였겠네.

청춘의 영원함

지나간 옛 시간
사랑을 하였고
잊혀지지 않는 청춘
아무것도 없어도
청춘 하나만 있어도
마냥 좋았는데

시간이 흘러
이 나이가 되어
홀로 세상에 있네
그때의 청춘은 다시 오지 않지만
마음은 아직 청춘이 맞구나

나이는 숫자에 불과한 게 맞구나
정열이 식지 않은 이상
마음만은 불타오르는
화산같이 너무 활할 뜨겁다

내게도 사랑이
가슴속을 밀고 들어오면
잠자고 있던 내 사랑이
그 사랑 영원히 사랑하리.

일광욕

태양 자외선 차단
다 장단점이 있을 텐데
자외선은 어느 정도는 필요할 것 같은데
햇빛, 일광욕 오롯이 하면서
생각에 잠기면
무념무상도 좋고
햇빛 느낌 얼마나 좋은가

구릿빛 피부가 건강해 보이고 좋은데
다 자외선 차단하는구나
얼굴에 흠집이 좀 나면 어떤가, 심하지만 않으면
자연스러운 것인데

젊은 여자가 얼굴에 흠집이 좀 있다고
젊은 여자 아닌가
다 똑같은 여자인데
자연스러운 것이 좋은 것

태양에도 살고 있는 생명체가 있겠다
태양의 메시지, 일광욕, 햇빛을 가리지 말아라
한 여름 뙤약볕에서도
난 일광욕을 한다.

키스

부드러운 입술이
내 입술을 키스한다
개하고도 키스하는 사람
요즘 꽤 있겠다

키스는 좋은 것
애무 이전에
건강에도 좋은 것

남자와 여자 키스하는 것
너무 좋다
그 상대가 없으면
같이 사는 개하고라도 하라

난 하루에 한 번쯤은
우리 집 똥강아지를 안아준다
키스도 한다

달콤한 혀가 입안을
뚫고 지나갈 때
내 입술이 상대의 혀를

빨아줄 때

키스의 절정에 이른다
키스하세요
달콤하고 격렬한 키스.

홍익인간 정신

하늘의 메시지
평화롭게 하여라
전쟁, 어떠한 형태의 싸움도
하지 말고
평화롭게 살아라

그 메시지 따라야 한다
그렇지 않으면
천벌이 내려질 것이다

전쟁도 경제전쟁도
자국의 이익만 앞세우는
나라는 얼마 못가 망하리라

홍익인간 정신
"세상을 널리 이롭게 하라"
얼마나 멋진 사상인가

하늘의 메시지를 따라야 한다
하늘님께서 직접 하신 말이다
절대적인 것이다

한낱 인간에 불과한 사람이
메시지를 따르지 않으면
온갖 환난과 고통이
뒤따를 것이니라.

삼라만상 다 사랑하다

사랑은 아름다운 것
보듬어 주는
크게 봐라
우주 삼라만상 다
사랑하라
부처의 살생하지 말아라
맞는 말이다
예수는 또 어떻고

사랑의 사랑의 사랑하세
부모와 자식 간
형제간
같이 사는 개, 고양이, 자연들
사람들
우주 삼라만상 다 사랑하거라
어렵지 않다
하나하나씩 사랑하다 보면
어느새 다 사랑하게 돼 있다
이것이 섭리이고 순리이자 이치이다
신은 그렇게 만들었다

서로 서로 사랑하라고
어렵고 힘든 자 있으면
서로 서로 도와주고
그게 사랑이라는 것을.

참 종교

종교가 무엇인가
마음의 정신의 육체의
영혼의 느낌의 안식처
돈을 요구하는 종교는
사이비 종교인 것

만물 평등 만사 공평하다
교주와 신자 간의 평등하게
수직관계가 아닌
전달자와 깨우치려는 자와의 관계이다

돈을 한 푼이라도 요구하면
때려치우고 나와라
다 사이비 종교이다

돈은 순 자발적으로 믿는 종교를 위해서 내는 것
그렇지 않으면 다 사이비 종교이다
이것은 또 악용하는 사람들이 있을 것이다

잘 정신 똑바로 차리고
종교를 믿으라.

노란 병아리

닭이 먼저냐 달걀이 먼저냐
신은 아마도 귀엽고 예쁜 것을
나중에 만들었을 것이다
그렇지 아니한가
닭이 먼저고 달걀이 나중이다
과학적 자연발생학적으로는
달걀이 먼저도
작은 점으로부터 시작해서
달걀로 진화하여 닭이 되었으리라
무엇이든지 간에
병아리 노란 병아리
너무 예쁘고 귀엽지 않은가

달걀 안 먹으면 안 되나
껍질 깨고 병아리로 탄생하는데
달걀만 먹지 말아요
고기 소고기 돼지고기 닭고기 다 먹어라
단지 달걀만 먹지말아다오.

잠자기 전

인류의 미래는
신의 뜻대로
삶과 죽음 하늘의 뜻
인간이 관여할게 못된다
그렇게 하지도 못하고

하늘님이 왜 계시고
신이 왜 존재하시나
마지막 골칫덩어리인 지구별
구원받고 싶으면
뉘우치고 참회하라
새로운 인생, 삶이
펼쳐질 것이다

잠자기 전
잠자리 펴 놓고
무릎 공손히 꿇고 앉아
아무 생각 할 것 없다
한 30초만 있다 자거라
그러면 참회하고 뉘우치는 것
기간은 하고 싶은 대로 하라

하루를 해도 괜찮고
일 년을 해도 괜찮다
경건하게, 신성하게 하거라.

언어폭력

말을 잘해야 한다
떠벌이가 되라는 소리가 아니다
잘 생각 판단해서 상대가
마음 안 다치게 하라는 소리이다
적어도 그렇게만 하거라
그러면 다 편안해지는 것
축복이 내려지는 것
말을 잘하자

한 몇 년 동안 묵언수행해도 괜찮고
생각을 충분히 하라는 것이다
무념무상도 괜찮고.

부처가 깨달은 것

소크라테스의
"너 자신을 알라"
반대로 나 자신을 알자
그런 다음에 남을 평가하라

루소의 "자연으로 돌아가라"
현대에 딱 맞는 말이다
자연 속에서 자연스럽게 사는 것이다

예수의 이웃을 사랑하라
적어도 그렇게 하라는 것이다
전부 모두 사랑해야 한다

부처의 살생하지 말라
함부로 살아 있는 생명체를
죽여서는 안된다
진리이다
부처가 깨달은 것이다.

자연주의

무엇보다도 산다는 것이
가장 큰 문제일 것이다
자유민주주의 자본주의
돈 없이는 부랑자 노숙자 밖에 안된다

자연주의다
자연 속에서 자연을 사랑하면서
사람들 서로서로 돕고
타고난 재능을 타인에게 베풀고
꿀벌의 사회를 잘 알 것이다
타고난 태생이 사람들에게도 있다
그 태생대로 살면 다 되는 것이다

법이 필요 없다
경찰 군대 감옥도 없다
병원도 없다
그런 세상이 도래할 것이다
아주 중요한 얘기이다
항상 이 말을 명심하여라.

의사소통

너와 나 하나인 것을
무엇이 가로막나
욕심인가 돈인가 자존심 문제인가
지구별 푸른 별
하나인 것을
무엇이 언어도 다르고 문화도 다르게
만들었나
하나가 안 됐기에
언어도 다 다른 것
인류는 하나
언어도 하나가 될 것
바디랭귀지가 있다
몸짓 손짓으로 다
의사소통이 되는 것
세치 혀로 의사소통이
된다는 것은 넌센스인 것

바디랭귀지로 하고
수어로 하자
소리는 내야 하니깐
간단하고 중요한 말 감탄사 이 정도만
된다 될 것이다.

이게 사랑인가 보다

보고 싶다
이게 사랑이겠지
아! 나도 이젠 사랑하나 보다
멀리 가 있는 그대
뭔가가 끌리는 느낌
이게 사랑이겠지
영원한 사랑

밤이다
시골 밤이다
할게 없다
TV 라디오 핸드폰 그런 것 이외에는
그래도 좋다
한적한 아무 소리 나지 않는
지구 돌아가는 소리만 나는
그런 밤

내 생각을 하고 있을까
나를 좋아할까
자신이 없다
이게 사랑인가 보다.

작은 소원

우리 집 앞마당 앞에는
전깃줄이 없다
앞에 가까이 작은 산도 있고
시냇가도 흐른다
너무나 좋다
행운이다
그런데 집이 벽돌 콘크리트로
지은 집이 아니다
앞으로 10년이나 15년 밖에는
못 살 것 같다

고요하다 조용하다
거룩하기조차도 하다
TV 라디오 다 껐다
정말로 지구 돌아가는 소리만 난다

내 소원은 마음에 드는 女와
함께 한 집에서 같이 사는 것이다
이루어지겠지
만들어지고 이루어지고 형성되어지고 되겠지.

방목

아버지가 보고 싶다
돌아가신지 15년 전 쯤
어머니는 지금 요양원에 계신다
고관절 부서지고 어깨 바스러지고
나이 든 노인네들은 금새 돌아가신다는 데
기적이다 많이 좋아지셨다
엄마마저 돌아가시면
난 난 난
설이 얼마 남지 않았다
큰누나와 같이 뵈러갈 계획이다
그래도 요양원에서 잘 적응하시고
잘 지내시나 보다
천만다행이다

난 방목한 채로 컸다
가정교육이다 방목이
맛있는 것은 거의 어렸을 때
다 먹었다 엄마 덕분에 아버지 덕분에
설움 중에서 가장 큰 설움이
엄마 말로는 배고픈 설움이라는데
난 어렸을 때 잘 먹고 잘 살았다

다 아버지 엄마 덕분이다
고맙고 감사하다.

요정들의 합창소리

진리는 정직하게 사는 것이고
섭리는 하늘의 뜻에 따라 사는 것이고
순리는 자연의 뜻에 따라 사는 거고
이치는 선인들의 말씀대로 사는 것이다

힘들다 이렇게 사는 것은
다 평범한 사람들이기에
하나만 하자
자연 속에서 자연스럽게 살자

어둠을 밝히고
창문 밖에서 요정들의 합창소리
누구나 다 한 번쯤은
신기한 경험을 했으니라
세상은 그렇다
신기한 세상 신비한 세계이다

가슴 벅차지 않은가
우리 모두 다 축복받는 인생 삶이기에

공자 왈 효도하라

기본이다

효도하라
별이 빛난다
내일은 어떤 일이 생길까
기대와 설렘으로 살면
잘 사는 것.

소중과 인연

끝없는 우주
수없이 많다
그 우주들이 모여
공간을 이룬다
그 공간도 수없이 많다
공간들이 모여 세상을 이룬다
그 세상도 수없이 많다
세상이 모여 그 어떤 것이 되고
그 어떤 것도 수없이 많다
그 어떤 것들이 모여 온 누리가 된다
한 마디로 끝없는 무한대의 세계라는 것이다

우리의 만남은 천문학적 확률 =
아니, 무한대의 확률의 만남이다
어찌 소중하고 귀하지 않겠는가

평화 안에 다 있다
자유 사랑 행복 건강
우리는 소풍 나온 것이고
소풍 가는 것이다

신나게 재밌게 즐겁게 하면
되는 것이다

인연의 깊고 넓은 우연
사랑하자
평화롭게 살자
서로 서로 돕고 보듬어 주고
영원한 생명력이 도와줄 것이다.

흐르는 생명체

흐르는 생명체
그 생명체가 구원해 줄 것이다
어디서 어떻게 왔는지는 모르겠다
단 분명한 것은 영원한 생명력이다

온누리의 생명력일 수도 있다
무한한 세계의 에너지
그곳을 만든

지금 세상이 급박하게 돌아가고 있다
신적인 존재들도 다 모였다
기적과도 같은 일이 벌어질 것이다

온누리는 선하고 착한 자의 편이다
나쁜 자도 참회하고 뉘우치면 된다

부디, 선하게 착하게 살아다오
나머지는 하늘과 신께 맡기고.